7

7 7 7 7 7 7

7  7  7

7 7 7 7 7 7

 7  7

7 7 7 7 7 7

7  7  7

EL LIBRO DE MIS 7 AÑOS

LAROUSSE

Edición
Emili López Tossas

Redacción
Roser Ruiz Lagunas

Ilustración
Judit Frigola Fontacaba

Corrección
Alexandra Gil García

Diseño y maquetación
Jorge Torvisco González

© **LAROUSSE EDITORIAL, S. L., 2025**
Bac de Roda, 64, 1.ª planta, local B — 08019 Barcelona
www.larousse.es
clientes@grupoanaya.com

Primera edición: mayo 2025
ISBN: 979-13-87520-22-9
Depósito legal: B-4040-2025
1E1I

PAPEL DE FIBRA
CERTIFICADO

¡ADELANTE CON EL SIETE!

¡Ya tienes siete años! ¿Qué misterios esconde el **siete**?

Seguro que a esta edad hay muchas cosas que te llaman la atención y que despiertan tu curiosidad, ¿verdad? Pues en este libro encontrarás respuestas a un montón de preguntas, descubrirás datos increíbles y encontrarás actividades para hacer tú mismo, con los amigos o en compañía de la familia. ¡Y pasatiempos para ejercitar tu mente y divertirte!

Montañas y plantas, alimentos y edificios, libros y animales, ¡todo está a tu alcance para que lo conozcas, te sorprendas y lo disfrutes!

...Pues sí, el siete es mágico de verdad, no te quepa la menor duda...

SUMARIO

Capítulo 1

HAS LLEGADO A UNA CIFRA EXTRAORDINARIA

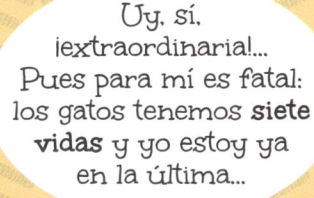

Uy, sí, ¡extraordinaria!... Pues para mí es fatal: los gatos tenemos **siete vidas** y yo estoy ya en la última...

¿QUÉ TENDRÁ EL 7 PARA QUE SALGA EN TODAS PARTES?

A lo mejor te has fijado en que el **número siete** está presente en muchas cuestiones. ¿Sabías que Simbad el marino viajó por los **siete mares?** ¿O que se dice que los gatos tienen **siete vidas?** Blancanieves no puede separarse de los **siete enanitos** y, claro, ya conoces los **siete días** de la semana. Sin duda es un número muy popular, ¡todo el mundo lo quiere!

Desde la antigüedad, el **número siete** se ha relacionado con la perfección, con la naturaleza e incluso con las deidades.

Por eso es frecuente que aparezca en relatos mitológicos y en las religiones: por ejemplo, tanto en el judaísmo, como en el cristianismo y el islam, Dios creó el mundo en **siete días,** y en la mitología japonesa, los dioses de la fortuna son **siete...**

¡Vaya! ¡Resulta que tu edad coincide con este **número mágico!**

A ver, dejad que os cuente, queridos enanitos... uno, dos, tres, cuatro, cinco, seis... ¡y siete!

VENUS

JÚPITER

LUNA

MERCURIO

SATURNO

MARTE

SOL

Me esfuerzo tanto como puedo calentando **planetas y satélites**... ¿Te llega el calorcillo, Saturno?

Los **siete astros** del sistema solar que se pueden ver a simple vista.

¿DE VERDAD EL 7 ES UNA CIFRA MÁGICA?

Para muchas personas, **el 7** es como una especie de talismán, porque creen que **está directamente asociado a la suerte.** Dado que aparece en tantas religiones y mitologías, no es de extrañar.

La asociación del 7 con la magia probablemente procede de la antigüedad, cuando la humanidad miró al cielo y se fijó en las fases de la Luna y en los cuerpos del sistema solar que se conocían por entonces y que se ven a simple vista, sin ayuda de telescopios: la **Luna, Mercurio, Venus, Marte, Júpiter y Saturno.** ¡Ups, nos falta uno! ¡Claro, el **Sol!**

No sabemos si, de verdad, esta cifra posee magia, ¡pero sin duda **es una suerte que tengas 7 años!**

7 MARAVILLAS MARAVILLOSAS

En el mundo antiguo, hace más de 2 000 años, había **7 esculturas y obras arquitectónicas** que los griegos consideraban imprescindible conocer, es decir, que había que ver y admirar al menos una vez en la vida. ¿Quieres conocerlas tú también? ¡Aquí te las presentamos!

LA GRAN PIRÁMIDE DE GIZA

He aquí las pirámides de Egipto. Y entre ellas está la de Giza. ¡Están al ladito de El Cairo!

La única maravilla de la antigüedad que todavía podemos admirar fue construida hace más de 4 500 años, con más de dos millones de bloques de piedra que pesan una media de dos toneladas. Estaba revestida de caliza blanca, de modo que **brillaba a la luz del sol.**

EL TEMPLO DE ARTEMISA EN ÉFESO

Financiado por Creso, rey de Lidia, en la actual Turquía, estaba dedicado a Artemisa, diosa griega de la caza y los animales. Por desgracia, aunque el templo **tardó más de 120 años en construirse,** fue destruido en una sola noche debido a un incendio provocado.

LOS JARDINES COLGANTES DE BABILONIA

Fueron construidos por Nabucodonosor II, rey de Babilonia, en el Irak actual, como **un regalo para su esposa.** ¡Menudo regalazo! Por lo visto, la señora echaba de menos la flora de su tierra natal, de modo que hizo construir terrazas con regado automático para que crecieran las plantas.

Pasen y vean.

¡Qué impresión debería dar, llegar en barco y ver el Coloso de Rodas!

EL COLOSO DE RODAS

Era una estatua enorme o colosal de Helios, el dios griego del sol, situada en el puerto de la ciudad griega de Rodas. Se calcula que medía como la actual Estatua de la Libertad de Nueva York. Solo duró entera 56 años, porque **un terremoto la desmoronó.**

EL MAUSOLEO DE HALICARNASO

Halicarnaso fue una ciudad situada en la actual Turquía. **El rey Mausolo decidió que se construyera allí la que sería su tumba,** para lo que eligió a los mejores artesanos. ¡Y se esmeraron de lo lindo! A partir de entonces, este tipo de edificaciones se conocen como mausoleos.

LA ESTATUA DE ZEUS EN OLIMPIA

Fue creada por el escultor griego Fidias, y mostraba al dios Zeus sentado en su trono. **Era de marfil, y los detalles eran de oro macizo,** todo ello diseñado para dejar patidifusos a los devotos que se acercaban a honrar al dios.

EL FARO DE ALEJANDRÍA

Su luz (un espejo que reflejaba el sol durante el día y grandes fogatas por la noche) **alertaba a los barcos** a muchos kilómetros de distancia. Por cierto, estaba en la isla de Faros, de modo que en adelante estas construcciones se llamaron así, faros.

Un error de traducción

En griego antiguo existía una palabra que significaba «cosas que hay que ver». Se parecía mucho a la palabra que significaba «maravilla». Alguien metió la pata y finalmente lo que se consideraba algo imprescindible para los turistas ha llegado a nosotros como «maravilla».

ENIGMAS Y MAGIA

¿Aceptas el reto? ¿Te atreverás a resolver estas adivinanzas? ¿Quieres compartirlas con tus amigos? ¿Eres un as con los enigmas?

¿Has dicho «magia»? ¡Aquí estoy yo!

1 Unos dicen que soy lento,
otros más fugaz que el viento
unos, que borro las penas
o las doy a manos llenas.

2 Doce caballeros
nacidos del sol
todos mueren antes
de los treinta y dos.

3 En cualquier día de la semana me verás,
excepto en domingo,
que no me encontrarás.

4 Dedos tiene dos,
piernas y brazos no.

5 Un árbol con doce ramas,
cada una con cuatro nidos
y cada nido siete pájaros.

6 Dicen que mi tía Cuca
arrastra una mala racha.
¿Quién será esta muchacha?

Querido **gnomo**, ¡entrar en calor te irá bien para resolver la sopa de letras!

7 Giro y giro buscando el sol.

MAGIA FANTÁSTICA

La magia y los seres fantásticos están estrechamente relacionados. En esta sopa de letras se han escondido siete: **brujas, dragones, duendes, elfos, gnomos, hadas** y **trolls.**

¿Podrás encontrarlos?

¡Claro que me irá bien, **dragón!** ¡Gracias! Calentito lo veo todo mejor, je, je, je.

Y	O	U	N	Z	G	S	G	B	P
L	L	W	Y	N	I	I	H	R	D
D	I	E	O	W	G	Y	A	U	R
I	U	M	L	A	M	N	D	J	A
E	O	E	N	F	M	X	A	A	G
S	O	T	N	E	O	M	S	S	O
B	E	Y	U	D	N	S	Q	P	N
S	F	N	C	A	E	P	P	K	E
T	R	O	L	L	S	S	P	T	S
V	T	R	S	A	N	E	R	I	S

Soluciones en la página 45.

¡VAYA SEMANITA!

Como la gran mayoría de las palabras en español, el nombre de los **siete días de la semana** procede del latín y, en general, de la cultura de la Antigua Roma. Por eso, dioses y planetas pueblan nuestros días y semanas. Aunque hay alguna excepción...

Cada semana del mes tiene un martes...

...y yo soy el planeta **Marte**: ¡estamos hechos el uno para el otro!

LUNES

Era el día dedicado a la **Luna.** Los romanos creían que el satélite era divino y que tenía una gran influencia en sus vidas.

MARTES

Recibe su nombre por el dios **Marte,** que en la mitología romana era el de la guerra, al igual que el planeta rojo, Marte.

MIÉRCOLES

Dedicado a **Mercurio,** dios romano del comercio. Coincide con el planeta más cercano al Sol: Mercurio.

JUEVES

En su origen significaba «día de **Júpiter»,** principal dios de la mitología romana y el planeta más grande de nuestro sistema solar.

VIERNES

Dedicado a **Venus,** diosa del amor y la belleza, y al segundo planeta de nuestro sistema solar.

SÁBADO

¡Y aquí viene la excepción! Este nombre procede del hebreo **Sabbat,** que significa «descanso», pues en la religión judaica se honra a Dios en este día.

DOMINGO

Aunque en un principio se le denominó «día del Sol», con el auge del cristianismo pasó a llamarse **Dies Domini** (día del Señor), que evolucionó a la forma actual.

LAS 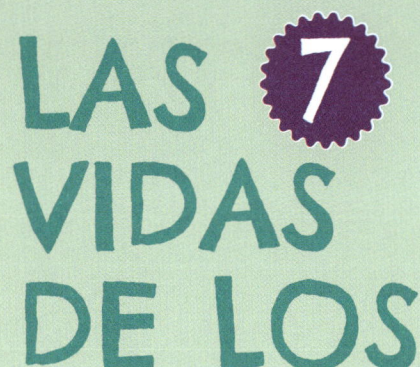 VIDAS DE LOS GATOS

7

¿Me quieres cazar? ¡Pues te vas a pegar un tortazo!

¿Has oído decir que los gatos tienen muchas vidas?
A veces se diría que es así, porque logran escapar de peligros
que para otros animales serían letales. ¡Casi parece magia!

Muchas vidas, ¿pero cuántas?

Se dice que tienen 7 vidas porque desde antiguo se ha considerado
que el 7 es un número que da buena suerte. Y el gato, capaz de escapar
de situaciones peligrosas, es el animal suertudo por excelencia.

¿Todo es cuestión de suerte?

Lo cierto es que los gatos son muy ágiles, rápidos y
flexibles, y tienen unos sentidos muy agudos. ¡Hasta
pueden ver en la oscuridad!

Tengo siete vidas, pero... ¡vaya vidas!

Funambulistas

A los gatos les encanta encaramarse a lugares altos.
¡Qué peligro! Pero tienen un equilibrio mejor que el de
un funambulista, por eso casi nunca se caen.

Casi nunca no significa nunca

Es cierto, a veces los gatos se caen. Pero tienen
un sistema para aterrizar siempre de pie: pueden
enderezarse en el aire utilizando la cola como timón
para caer graciosamente sobre sus cuatro patas.

No hay que tentar a la suerte, conviene evitar que los gatos puedan caerse, ¡por si las moscas!

Capítulo 2

AHORA QUE TIENES 7 AÑOS, COSAS QUE NO PUEDES PERDERTE

¡No te pierdas mis doce trabajos!

No son siete, pero son increíbles...

17

SIETE LUGARES DE ESPAÑA QUE DEBES CONOCER

BILBAO

Todos los países del mundo tienen riquezas que merece la pena visitar. He aquí **siete** de España muy especiales por motivos históricos o naturales.

A los pintores de Altamira les encantaba dibujar bisontes.

1 EL ACUEDUCTO DE SEGOVIA

Hace más de 2 000 años, con la llegada de los romanos, Segovia estaba creciendo y los habitantes necesitaban agua, pero el río más cercano estaba a 17 kilómetros. **Los romanos** eran gente práctica y **construyeron un enorme acueducto** que se conserva aún en la actualidad.

LA CUEVA DE ALTAMIRA 2

Se cree que esta cueva, situada cerca de Santander, empezó a habitarse hace 35 000 años y **durante milenios, diferentes artistas** que vivieron allí dentro **fueron pintando sus techos y paredes.**

Iluminados por antorchas, pintaron animales en techos y paredes: bisontes, caballos, ciervos, jabalíes...

GRANADA

3 LA ALHAMBRA DE GRANADA

Es un impresionante **palacio árabe** que fue **construido por los monarcas de Granada,** durante la época en que los musulmanes estuvieron en España. Está rodeada de preciosos jardines y además de ser la residencia de los reyes y la corte, fue una fortaleza para defenderse.

4 EL TEATRO ROMANO DE MÉRIDA

Construido hace más de 2 000 años era un escenario donde los romanos presentaban obras de teatro. **Tiene forma de semicírculo y puede acoger a miles de personas.** Hoy en día, sigue funcionando y en verano se realizan espectáculos. ¡Es un lugar mágico que vale la pena visitar!

5 MUSEO GUGGENHEIM EN BILBAO

Se inauguró en 1997 y **el edificio, de formas muy curiosas, parece una gran obra de arte.** Está recubierto de titanio, de modo que brilla al sol.

Dentro del museo hay muchas pinturas y esculturas de artistas famosos. Es toda una aventura explorar el museo y ver las obras de arte.

6 EL PARK GÜELL EN BARCELONA

Este mágico parque, diseñado por el famoso artista Antoni Gaudí, fue inaugurado en 1926. **Está lleno de colores, formas y esculturas sorprendentes, sobre todo la del enorme dragón** que da la bienvenida.

En el parque, puedes pasear entre árboles y flores, y disfrutar de vistas increíbles de la ciudad.

Esta es la entrada al Park Güell, con el famoso dragón.

¡A los japoneses les encanta hacerse *selfies* conmigo!

7 FINISTERRE EN GALICIA

Su nombre significa «el fin del mundo», porque **los romanos creían que allí, junto al océano Atlántico, terminaba la tierra.** Hay un faro y es un sitio muy visitado por los peregrinos que terminan el Camino de Santiago.

¡Hay que conocer este rincón de magia y aventura en la naturaleza!

EL SÉPTIMO ARTE

Vamos, princesa Leia...

Desde hace más de cien años, el cine es conocido como el séptimo arte. Las películas nos cuentan historias, nos emocionan, nos entretienen y divierten, y, sin duda, son una forma de expresión artística. ¿Te gusta el cine? ¿Quieres descubrir algunas películas o recordar alguna que ya hayas visto? ¡Aquí tienes 7 magníficas propuestas!

GRU, MI VILLANO PREFERIDO

Gru quiere ser un supervillano. Por eso **pretende cometer la fechoría más grande y espectacular del mundo: robar la luna.** Disfruta con la maldad y tiene un poderoso arsenal: rayos menguantes y congeladores, vehículos de todo tipo y un ejército de lacayos, los minions, que lo ayudan. Pero tres niñas quieren que Gru sea su padre y consiguen que todo cambie.

LA GUERRA DE LAS GALAXIAS

Serie de películas que **narra la lucha entre el bien y el mal** en una lejana galaxia: los Jedi son los guardianes de la paz y el orden que da una energía llamada «la Fuerza», mientras que los Sith son sus enemigos, en el lado oscuro de dicha Fuerza. La historia relata la caída del jedi Anakin Skywalker al lado oscuro, cuando se transforma en Darth Vader y se une al Imperio Galáctico, contra el que luchan los rebeldes Jedi liderados por la princera Leia.

MATILDA

Matilda es una niña inteligente y simpática... Todo lo contrario a sus chabacanos padres, que la desprecian. Por suerte, en la escuela **tiene una agradable maestra que la ayudará.** Esta adaptación de una novela de Roald Dahl muestra el humor negro de este autor.

KIRIKÚ Y LA BRUJA

La bruja Karabá no deja de maltratar a los habitantes de una aldea africana. Kirikú, un niño muy pequeño, pero valiente y un poco preguntón, decide enfrentarse a ella. Para lograr su objetivo **no elige la violencia, sino la astucia,** la inteligencia y sus habilidades. Una deliciosa película de animación.

SANG WOO Y SU ABUELA

Sang Woo es un niño irrespetuoso y malcriado que debe trasladarse al campo con su abuela mientras los padres buscan trabajo. Allí no tiene las comodidades de la gran ciudad. En su adaptación aprende grandes lecciones y experimenta un gran cambio. Como curiosidad, la anciana que encarna a la abuela nunca había actuado ¡ni había visto una película antes!

Yo soy **la estatuilla más famosa del mundo,** ¡la de los premios Oscar!

Estos premios los da la Academia del Cine de Hollywood, en Estados Unidos. ¡Los que me tienen son actores y directores consagrados!

UP

Carl es un anciano gruñón y solitario que se enfrenta a una orden de desahucio. Para evitarla, se le ocurre inflar un montón de globos y atarlos a la casa donde vive para echar a volar. Todo sale de maravilla y **la casa alza el vuelo con Carl... y un inesperado polizón: Russell,** un niño escultista. Este filme recibió el Oscar a la mejor película de animación.

EL LIBRO DE LA SELVA

Mowgli es un niño que queda abandonado en la selva y **es adoptado por una manada de lobos,** que lo cuidan y lo crían. Un día, para evitar que corra un terrible peligro, los animales deciden que debe regresar a la aldea de los humanos. La película de animación de 1967 tiene una banda sonora excelente.

CON LA LUPA EN LA MANO

Cuando hablamos de detectives hay unos clásicos indiscutibles, personajes que han dejado huella en nuestra idea de cómo es y cómo se comporta un detective: cómo resuelve los casos y cómo relaciona los datos para atrapar al criminal. Aquí te presentamos **siete** de ellos.

SHERLOCK HOLMES

Este personaje creado por Arthur Conan Doyle **es uno de los detectives más famosos de todos los tiempos.** Se le considera el prototipo del detective cerebral, que resuelve los casos principalmente a través de la reflexión, el ingenio y el razonamiento deductivo. Holmes es irónico y en ocasiones se muestra burlón con su inseparable compañero, el doctor Watson.

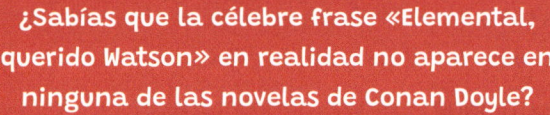

¿Sabías que la célebre frase «Elemental, querido Watson» en realidad no aparece en ninguna de las novelas de Conan Doyle?

HERCULES POIROT

La pluma de Agatha Christie nos regaló este personaje, un detective belga, bajito, regordete, muy aficionado al chocolate y con un bigote muy tieso. **Resuelve los casos más rebuscados** gracias al perfecto funcionamiento de sus «pequeñas células grises», como él las llama, refiriéndose a la capacidad deductiva de su cerebro.

PHILIP MARLOWE

Este investigador privado también nació en una novela, pero alcanzó la fama mundial gracias al cine. En las películas se convierte en una de las imágenes que más asociamos con los detectives: un **hombre solitario que se gana la vida resolviendo casos.** Elementos que no pueden faltar: la gabardina, el sombrero y la hermosa mujer que suele encargar el caso al protagonista.

DICK TRACY

Este **inspector de policía que lucha contra el crimen** procede del mundo del cómic. Más que descubrir al culpable de un delito su misión es atrapar al criminal, porque desde el principio de la historia se conoce quién ha cometido el crimen.

HERNÁNDEZ Y FERNÁNDEZ

Son dos personajes de los cómics de Tintín, creados por Hergé, bastante **distraídos, muy cómicos y realmente incompetentes** para las tareas que les asignan. Son idénticos en aspecto y vestimenta, pero hay un secreto para diferenciarlos: solo hay que fijarse bien en la forma que tiene el bigote en cada uno de ellos.

FLANAGAN

Es un personaje literario protagonista de muchas novelas juveniles. En la vida cotidiana se llama Juan Anguera y **es un adolescente barcelonés como tantos otros:** ayuda a sus padres en el negocio familiar, tiene una hermana y amigos, va al instituto... pero además es el detective conocido como Flanagan, que al investigar pequeños casos para sacarse algo de pasta se ve involucrado en asuntos que son mucho más gordos. ¡Qué peligro!

ARTEMIS FOWL

Este personaje procedente de la literatura juvenil es un **chico de 12 años con una inteligencia extra superior** que se dedica al mundo del crimen. Sin embargo, en sus correrías tiene que descifrar enigmas relacionados con el mundo sobrenatural. En sus aventuras aparecen seres mágicos, como hadas, duendes o trolls.

7 CURIOSIDADES DE LA LITERATURA

Hay quien opina que los libros y la literatura son aburridos. ¡Craso error! La lectura nos abre la puerta a aventuras insospechadas, desde luego, pero es que además el mundo literario está llenito de hechos curiosos. Aquí tienes algunas anécdotas: ¡por raras que te parezcan, te aseguramos que son ciertas! (O casi...)

Julio Verne no siempre fue un señor con barba que escribía sin parar. Él también fue un muchacho... ¡y bastante travieso, por cierto!

El joven Jules estaba interno en un colegio y un buen día decidió escaparse por una ventana. Quería ir a ver a una prima suya, de quien estaba enamorado, para regalarle un collar.

Por supuesto, cuando su padre lo supo, le pegó una bronca de las que hacen época. Jules le prometió que a partir de entonces solo **viajaría con la imaginación...** ¡y vaya si cumplió su promesa!

Así fue como llegó a la Luna o dio la vuelta al mundo en globo.

En el siglo XXI daríamos **la vuelta al mundo** en poco tiempo, pero en nuestro siglo XIX... ¡es todo un reto!

La haremos **en 80 días...** ¿Podremos?

El escritor **Frank Baum,** autor de **El maravilloso mago de Oz,** se inspiró en algo bien cercano para poner el nombre al país de Oz: solo tuvo que fijarse en la etiqueta de un archivador de ordenación alfabética que indicaba: «O-Z».

Soy **Pippi Calzaslargas**, Pippilotta para los niños, y además de ser forzuda, calzo unos enormes zapatos, tengo un caballo y un mono por mascotas ¡y duermo con los pies en la almohada!

Por lo visto, el nacimiento de **Pippi Calzaslargas** se debió a la insistencia de la hija de la autora, **Astrid Lindgren,** quien le pidió a su madre que inventara **una historia sobre una niña pelirroja.**

Cuenta la leyenda que **Esquilo,** un escritor griego de hace 2 500 años, murió en circunstancias bastante inusuales. Siguiendo la costumbre de la época, Esquilo fue al oráculo para que le predijera el futuro, y allí **le anunciaron que moriría aplastado por una casa.**

Al saberlo, decidió irse a vivir al campo, pero curiosa y trágicamente no tardó en fallecer cuando un águila dejó caer sobre su cabeza un enorme caparazón de tortuga.

J. K. Rowling empezó a idear la saga de **Harry Potter** en **un trayecto de tren en el que se produjo un retraso.** Luego fue redactando las novelas, muchas veces en cafés en los que se sentaba a escribir.

Por cierto, el nombre de esta autora es Joanne: la editorial le pidió que firmara sus libros con iniciales porque pensaban que los chicos jóvenes no acabarían de aceptar a una mujer escritora. La segunda inicial, K., corresponde al nombre de su abuela paterna, Kathleen.

El personaje de **Manolito Gafotas no nació en el mundo de los libros,** sino en la radio. Su propia autora, **Elvira Lindo,** era quien ponía la voz al simpático niño en las emisiones radiofónicas de sus aventuras.

Roald Dahl, el célebre autor de obras como **Matilda** (mira la página 21) **Charlie y la fábrica de chocolate, solía escribir sus novelas en un carromato** instalado en su jardín, donde encontraba la tranquilidad y la inspiración necesarias.

¡OJO, QUE AQUÍ VAN 7 HÉROES!

A lo largo de los tiempos y en todo el mundo, las personas han sido capaces de superarse a sí mismas y alcanzar metas extraordinarias. Cuando una persona consigue algo fuera de lo común se le considera un héroe o heroína. Cada cultura tiene sus propios héroes, que encarnan los rasgos más valorados en su comunidad.

En la ficción clásica

HÉRCULES

Este héroe de la mitología griega **tenía una increíble fuerza,** además de un valor y un orgullo extraordinarios. Sin embargo, se dejó engañar y cometió un terrible delito. Como castigo, tuvo que realizar los doce trabajos de Hércules, doce misiones a cuál más peligrosa: en el **séptimo trabajo,** ¡tuvo que domar un toro!

Aparezco en dos grandes obras de la literatura de la Grecia antigua: **la Ilíada y la Odisea.** Eso, más que forzudo, ¡me hace ser inmortal!

ARIADNA

Era la **hija del rey de Creta, donde vivía el Minotauro encerrado en un laberinto.** Este monstruo era un verdadero problema, ya que solo se alimentaba de seres humanos.

El príncipe Teseo fue a la isla para acabar con él y finalmente logró su propósito gracias a la ayuda de Ariadna, que le proporcionó una espada mágica y un ovillo para que pudiera matar al monstruo y luego regresar por el laberinto.

SPIDERMAN

Peter Parker es un chico huérfano que vive con sus tíos. Un día **fue picado por una araña** que había sido expuesta a experimentos radiactivos.

Esto le proporcionó poderes sobrehumanos: velocidad, fuerza y agilidad, además de un «sentido arácnido» que le avisa de peligros y la habilidad de adherirse a cualquier superficie.

> Hoy me siento un poco rara...

SUPERMAN

> Soy un superhombre, pero además, soy superguapo.

Nacido en el planeta Krypton, **fue enviado por sus padres a la Tierra** para que escapara de la destrucción de su mundo. En la vida cotidiana es un periodista, pero cuando la humanidad está en peligro, se viste de superhéroe y salva al mundo.

BATMAN

A diferencia de los otros dos, Batman es un humano, **sin poderes sobrenaturales,** que lucha contra el crimen tras haber visto cómo sus padres eran asesinados por un ladrón.

En la vida real

RICARDO CORAZÓN DE LEÓN

El rey Ricardo II de Inglaterra, conocido por su sobrenombre, Corazón de León, fue un monarca medieval que, para muchos, ha pasado a la historia como el **símbolo de las novelas de caballería, del héroe que lucha por la justicia** de manera implacable.

MARIE CURIE

Esta científica fue pionera junto con su marido en el campo de la radioactividad. Fue la **primera persona en recibir dos premios Nobel (1903 y 1911)** y la primera mujer que impartió clases en la Universidad de la Sorbona (París).

7 PREGUNTITAS TRAMPOSITAS

Ojo con las trampas...

¿Te atreves a responder estas preguntas? Ten en cuenta que a veces la respuesta es un poquito «tramposa», piensa bien y no te dejes guiar por la primera impresión.

1 París empieza con P... ¿y termina con?

¡Sorpresa!

2 El padre de María tiene cinco hijas, que se llaman Nana, Nene, Nini, Nono y...?

3 ¿Qué es aquello que todo el mundo toma pero nadie se lleva?

4 Si participas en una carrera y adelantas al que va segundo, ¿en qué puesto estás?

5 Antes de que el monte Everest fuera descubierto, ¿cuál era la montaña más alta del mundo?

6 Tengo agujas pero no sé coser, tengo números pero no sé leer, las horas te doy, ¿sabes quién soy?

7 ¿Cuántos meses tienen 28 días?

Encontrarás las respuestas en la página 45.

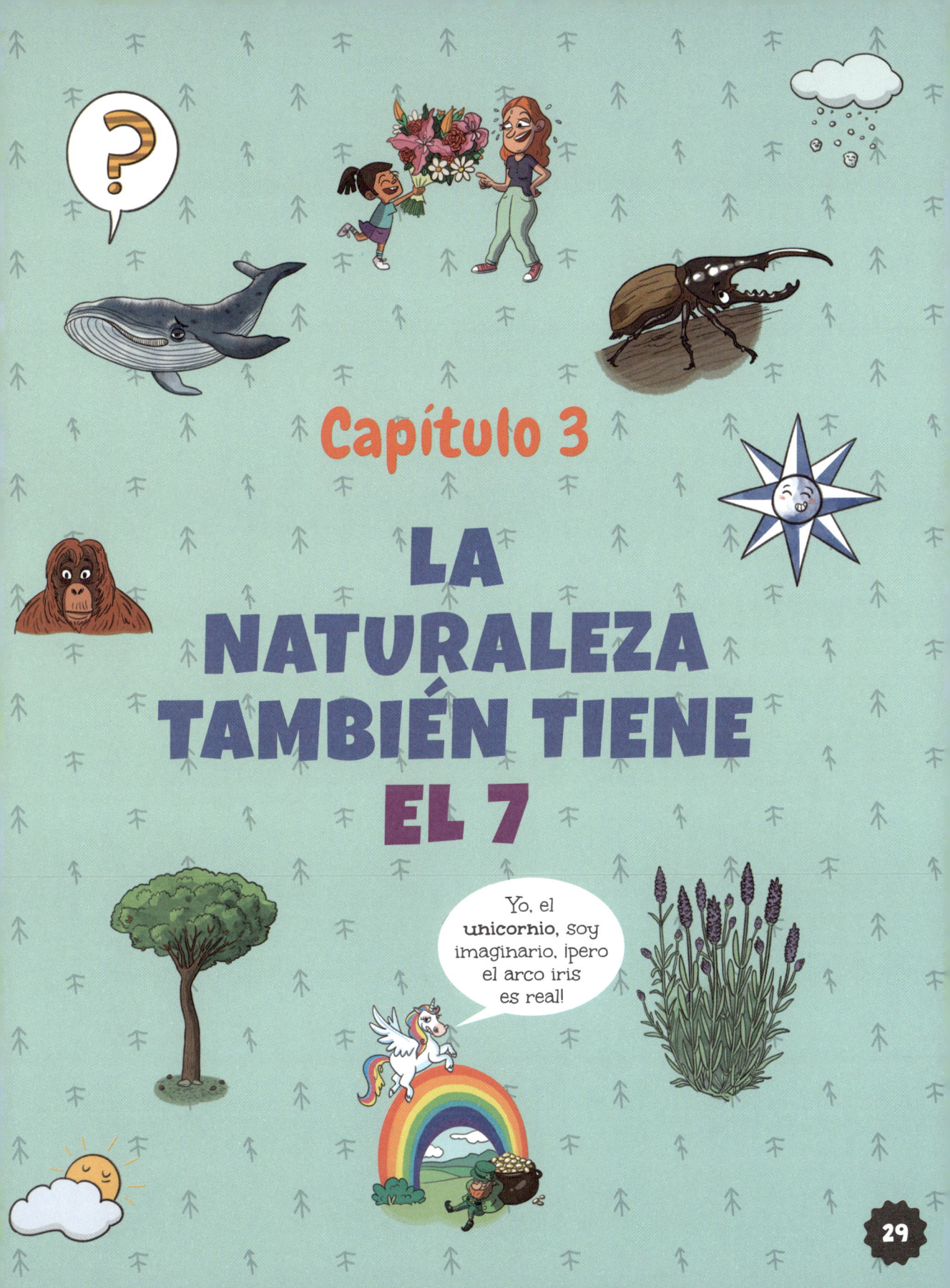

Capítulo 3

LA NATURALEZA TAMBIÉN TIENE EL 7

Yo, el **unicornio**, soy imaginario, ¡pero el arco iris es real!

LOS 7 COLORES DEL ARCO IRIS

Que llueva, que llueva, la virgen de la cueva... ¿Sabes la canción?

¿Alguna vez has visto en el cielo, cuando llueve pero ya sale el sol, una especie de arco de colores brillantes? ¡Es el arco iris!

Dicen que los unicornios trotamos por los arco iris, y **podemos controlar el tiempo que hace...**

Este hermoso fenómeno natural aparece en el cielo cuando hay lluvia y sol al mismo tiempo. Se forma porque la luz del sol pasa a través de las gotas de agua en el aire. Cuando la luz entra en una gota, se dobla (esto se llama «refracción») y luego se separa en **7 colores: rojo, naranja, amarillo, verde, azul, añil y violeta.**

Cada color viaja a una velocidad diferente, y eso es lo que hace que se vean separados. Es como si la luz estuviera dividiéndose en partes más pequeñas, creando esa curva de colores brillantes que vemos en el cielo.

La «magia» del arco iris

En la mitología irlandesa, se dice que al final del arco iris hay una olla llena de monedas de oro. ¡Lo malo es que nadie ha logrado encontrarla! Parece que los duendes tienen un buen escondite, ¿no?

Nadie ve las **monedas de oro, ¡excepto yo!**

30

POR LOS 7 MARES DE LA TIERRA

¡Búscalos en un atlas!

En la antigüedad, esta expresión hacía referencia a los mares conocidos por aquel entonces, y era sinónimo de aventuras y misterio. Los griegos y los romanos no conocían América ni Oceanía, pero eran grandes navegantes entre Europa, África y Asia.

1 Mar Mediterráneo

Era el mayor de los mares conocidos y se llama así porque está rodeado de tierras, a diferencia de los océanos. En sus orillas, los griegos fundaron colonias de Ampurias a Alejandría, y los romanos controlaron todas sus costas, europeas, africanas y asiáticas, y lo llamaron Mare Nostrum.

4 Mar Negro

Situado al norte de la actual Turquía, fue llamado en la antigüedad Ponto Euxino, que significa «mar hospitalario».

6 Mar Rojo

Entre Egipto y Arabia, ya lo llamaban así griegos y romanos por la presencia de unas algas rojizas.

2 Mar Adriático

Situado al este de Italia, es una parte del mar Mediterráneo, y en el antigüedad unía el mundo romano, de lengua latina, y el mundo de lengua y cultura griega.

3 Mar Caspio

Situado al sur de la actual Rusia, quedaba alejado del mundo grecorromano, por eso solo lo conocían los geógrafos, como el griego Estrabón.

5 Golfo Pérsico

Entre Arabia e Irán, era conocido por desembocar en él dos ríos, Tigris y Éufrates, que regaban Mesopotamia, la llamada «cuna de la civilización», situada en el Irak actual.

7 Mar Arábigo

Pocos navegantes griegos y romanos se aventuraron por este mar que une Arabia e India, pero hubo contactos con puertos indios, e incluso de China.

Vivo en las profundidades del Pacífico y los griegos, si me hubieran conocido... ¡menudo **combate con un centauro** hubieran imaginado!

¡ANIMALES INSÓLITOS!

A ver, a ver cuáles son...

El mundo animal está repleto de curiosidades y datos interesantes. ¿Quieres conocer algunos de los prodigios de la naturaleza? ¡No te pierdas estos **7 datos** con los que podrás presumir de ser casi un auténtico zoólogo!

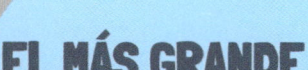

Apartaos, chavales, que llegan mis 190 toneladas...

EL MÁS GRANDE

El animal vivo más grande del planeta es la **ballena azul,** que puede llegar a medir 33 metros y pesar hasta 190 toneladas. ¡Resulta sorprendente que con este tamaño se mueva con tanta elegancia en el mar!

LOS MÁS VENENOSOS

Con 3 metros de largo y 70 kilos de peso, el **dragón de Komodo** es el lagarto venenoso más grande y además se lleva el primer puesto en la categoría de animales venenosos terrestres.

En el mar, la medusa más mortífera, conocida como **avispa de mar** o medusa de caja, produce suficiente veneno como para matar a ¡60 personas!. Sus tentáculos siguen siendo tóxicos incluso después de que el animal haya muerto.

EL MÁS PEQUEÑO

El primer puesto para el animal más pequeño está muy disputado, pero si hablamos de vertebrados, el premio se lo lleva **un diminuto pez** que vive en las aguas de un pantano de la isla de Sumatra: ¡mide solo 7,9 milímetros!

BICHOS INCREÍBLES

El **escarabajo hércules,** que vive en Sudamérica, es el más grande del mundo, pues llega a medir 17 centímetros.

Si no entiendes por qué me llamo «hércules» mira la página 26.

Si lo que contamos es el peso, el primer puesto se lo lleva el **escarabajo elefante,** que alcanza los 228 gramos y se considera el insecto más pesado del planeta.

En cuanto al insecto volador más rápido, el récord lo tiene la **libélula australiana,** que puede llegar a alcanzar 58 km/h en distancias cortas.

Otros datos curiosos

» El dinosaurio más largo de todos era el *Amphicoelias,* que llegaba a medir hasta 60 metros: ¡casi como un edificio de varios pisos!

» El *Stegosaurus,* con una longitud de hasta 9 metros, era el dinosaurio con el cerebro más pequeño.

» Un **mosquito** puede «oler» la sangre humana de su cena desde una distancia de 50 kilómetros.

» La **jirafa** es el único mamífero que no tiene cuerdas vocales, pero se comunica con sonidos que no podemos oír.

» Los **camellos** tienen tres párpados para protegerse de las tormentas de arena.

» La lengua de una **ballena azul** pesa como un elefante adulto.

» Los **ciempiés** en realidad no hacen honor a su nombre; algunas especies llegan a tener hasta 150 pares de patas.

» El pelaje de un **oso polar** no es blanco, sino que carece de color. Parece blanco porque refleja la luz. Además, cada pelo almacena diminutas burbujas de aire que le sirven para aislarse del frío.

¡ADIVÍNALO!

Dicen que tengo buena memoria... ¿lo pillas?

¡A ver si nos encuentras!

Atrévete a resolver estos *fantabulosos* acertijos sobre animales, bichos y demás. Y si quieres, puedes compartirlos con tus amigos para pasar un rato divertido. ¡Adelante!

1 Es la reina de los mares, su dentadura es muy buena, y por no ir nunca vacía, siempre dicen que va llena.

2 ¿Quién encuentra en los troncos su abrigada casita, y allí esconde cuanto necesita?

Yo voy lento pero seguro... ¡También resolviendo acertijos!

3 A cuestas llevo mi casa, camino sin tener patas, por donde mi cuerpo pasa, queda un hilillo de plata.

4 Un rayo verde sobre la pared, corre que te corre, busca qué comer.

5 Tiene famosa memoria, fino olfato y dura piel, y las mayores narices que en el mundo pueda haber.

6 Tiene hocico y no es perro, tiene aletas y no es pez, tiene bigotes y no es gato, y además nada, ¿quién es?

7 Anteayer huevecito, ayer capullito; mañana volaré como un pajarito.

Encontrarás las respuestas en la página 45.

INCREÍBLE REINO VEGETAL

Las plantas son imprescindibles para el planeta: ayudan a aumentar el oxígeno de la atmósfera, con sus raíces sujetan la tierra y evitan que sea arrastrada por las lluvias, y dan sombra y hogar a muchos animales. ¿Quieres conocer algunos de sus secretos?

GIGANTES VERDES Y ENANOS CON HOJAS

El árbol vivo más grande, conocido como General Sherman, es una **secuoya gigante** que crece en California, con una altura de casi 84 metros.

En el otro extremo, el árbol más pequeño que existe es el **sauce enano,** que apenas alcanza los 6 centímetros de altura. A pesar de ello es muy resistente al frío y puede vivir en climas árticos.

¿UN RAMILLETE DE FLORES?

Siempre es de agradecer que te obsequien flores, pero hay que ser prudente con el tamaño. Si quieres hacer un regalo, mejor no elijas la **rafflesia,** una flor que puede alcanzar más de un metro de diámetro y pesar 10 kilos. Además, desprende un olor tan asqueroso que atrae a cientos de moscas.

UNA PLANTA MUY ANCIANA

La **picea** es el árbol más longevo. Los científicos piensan que eso se debe a que son capaces de clonarse a sí mismos, es decir, que cuando sus ramas mueren regeneran unas nuevas a través de las raíces.

El ejemplar más viejo tiene 9 500 años de edad, y es de los pocos seres vivos que ya estaba presente durante las glaciaciones.

¡Te quiero, mamá!

PLANTAS Y ÁRBOLES QUE HAS DE CONOCER

Entre toda la variedad de plantas, hay algunas que viven cerca de nosotros de forma natural, y muchas otras que los humanos cultivan para diferentes usos. Nos dan de comer, nos ayudan a curarnos, nos acompañan en los paseos: ¡el mundo vegetal es la caña!

Nos curan

Al principio, los seres humanos no tenían medicinas, ¡pero podían curarse con plantas medicinales como estas!

La **lavanda,** que tiene un efecto calmante y facilita el sueño. También ayuda a cicatrizar las heridas ¡y se puede usar para ahuyentar a los mosquitos!

La **menta** puede aumentar el apetito y mejora la digestión, de modo que el cuerpo asimila mejor los nutrientes.

El **tomillo** es un todoterreno: ¡sirve para muchas cosas! Para evitar que las heridas se infecten, para combatir la tos o para tonificar la piel y el cabello.

Nos dan de comer

Sin estas plantas y estos árboles, las personas no habrían podido sobrevivir. Al principio solo recolectaban sus granos o frutos, pero luego se dieron cuenta de que podían cultivarlos y aprovecharlos mejor.

Con los granos de los **cereales** machacados, se hacía una especie de harina que luego se mezclaba con agua y se cocía. ¡Más o menos como se hace actualmente con el pan!

Al cultivar árboles frutales se consiguieron productos más sabrosos y grandes. Ahora plantamos **manzanos, naranjos** o **ciruelos** que dan frutos deliciosos.

El **aceite** de oliva se obtiene machacando los frutos del **olivo,** pero hay otros aceites que se obtienen de otros productos, como las pipas de **girasol,** los **cacahuetes** o las semillas de **calabaza.**

Crecen en el bosque o en el campo

Los árboles son una parte esencial de los paisajes. Conocerlos es una forma de entender mejor el mundo natural que nos rodea.

El **roble** forma bosques frondosos y en otoño sus hojas se vuelven doradas y rojizas. Poco a poco caen, porque es un árbol de hoja caduca, y en primavera rebrota.

El **pino** tiene las hojas largas y finas y no caen en otoño, porque es perenne.

El **alcornoque,** también de hoja perenne, tiene una corteza que se utiliza para hacer corcho.

7 ETAPAS MUY VERDES

Las plantas pasan por diferentes etapas a lo largo de su vida, desde que nacen hasta que mueren. Cada etapa es importante, y todas juntas forman un ciclo continuo que nos muestra cómo la naturaleza se renueva una y otra vez.

La semilla ❶

Todo comienza con una pequeña semilla, que contiene todo lo que la futura planta necesita para crecer, como si fuera un pequeño paquete de vida.

La germinación ❷

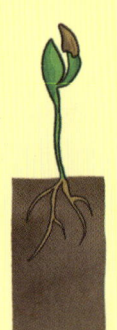

Cuando la semilla recibe agua y calor, empieza a abrirse. La raíz comienza a crecer hacia abajo, y el tallo empieza a asomar hacia arriba.

❸ La plántula

Después de la germinación, aparece una pequeña plantita con hojas muy jóvenes. Es como un bebé que empieza a crecer.

El crecimiento ❹

La planta crece, su tallo se hace más fuerte y sus raíces se extienden para buscar agua y nutrientes en la tierra.

❺ La floración

Cuando la planta está bien fuerte, empieza a producir flores. Estas son muy importantes porque ayudan a que la planta se reproduzca.

❻ La polinización

Las flores reciben polen de otras flores, gracias a insectos como abejas o el viento. Este proceso permite que la planta forme frutos y semillas.

❼ La madurez

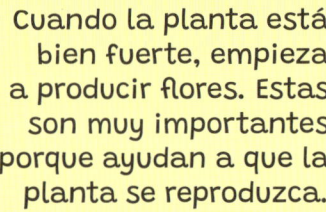

Cuando la planta ya está completamente crecida, empieza a dar frutos y semillas. Con el tiempo, las semillas caen al suelo y el ciclo de la vida de la planta comienza de nuevo.

BILBAO

Capítulo 4

SIETE EN SOCIEDAD

¡Hola!
Vivo en mi casa, pero todos los vecinos formamos una población... ¡Vivimos en sociedad!

SIETE HOGARES PARA ⑦ LUGARES

Mi estilo de casa es el más conocido, ¡pero hay otros!

Desde el principio, los seres humanos han buscado la forma de protegerse del clima y de los animales salvajes haciéndose un refugio. Primero simplemente aprovecharon cuevas, pero luego empezaron a construir. Hoy en día la mayoría de las personas viven en casas de ladrillos, pero ¡todavía hay casas adaptadas a las distintas zonas de la Tierra!

¡Hola desde el **norte del Canadá**!

IGLÚ ❶

Construido con bloques de hielo, el iglú es una vivienda tradicional de los pueblos inuit, en las **regiones del Ártico.** Es una estructura que retiene el calor del interior y protege contra las bajas temperaturas exteriores.

❷ RIAD

Casa tradicional de **Marruecos,** típica de los barrios antiguos de las ciudades, construida en torno a un patio central ajardinado. Su diseño incluye habitaciones que dan hacia el patio, techos altos, y decoraciones ornamentales con azulejos y madera tallada.

KAMPONG ❸

Son casas flotantes que se construyen sobre plataformas en el **delta del río Mekong,** en Camboya y Vietnam. Son ideales para lugares donde las personas han de adaptarse a las fluctuaciones del nivel del agua.

4 PALAFITO

Se construye sobre pilotes, elevado sobre el agua, y se encuentran en lugares donde el nivel del mar varía, como en los **manglares de Chile o las zonas costeras de México y Filipinas.** Estas casas flotantes aprovechan los recursos naturales cercanos y evitan la humedad.

5 YURTA

Es una casa portátil y redonda, cubierta con fieltro, utilizada por los pueblos nómadas de **Mongolia y otras partes de Asia Central.** Es fácilmente desmontable y diseñada para ser transportada de un lugar a otro.

¡Hola desde las estepas de Mongolia!

RORBU 6

Así se llaman las casas tradicionales de pescadores construidas sobre pilotes, utilizadas principalmente en las **islas Lofoten de Noruega.** Son estructuras de madera con techos a dos aguas y balcones que se asoman directamente sobre el mar.

7 STUGA

Son casas de troncos hechas de madera de abeto o pino, con techos a dos aguas. Estas viviendas, muy eficientes para el frío, son típicas de climas extremos como los que tienen en **Suecia o Finlandia.**

SIETE DELICIAS MUNDIALES

La comida es una parte de cada cultura. En todo el mundo, las personas preparan platos especiales con ingredientes locales. Cada plato tiene su propia historia y sabor. ¡Vamos a descubrir algunos platos deliciosos de distintos países!

1 PIZZA

Uno de los platos más famosos de Italia. Es una especie de **pan redondo cubierto con salsa de tomate, queso** y muchos ingredientes deliciosos, como jamón o verduras. ¡Es perfecta para compartir con amigos!

¡Fíjate cómo usamos los **palillos**!

SUSHI 2

Es un platillo de Japón hecho con arroz y pescado crudo o vegetales. A veces se envuelve con alga nori (una hoja negra). Es como un pequeño **rollo de arroz y pescado** que se come acompañado de salsa de soja.

3 TACOS

Son una comida muy popular en México. Se hacen con **tortillas** (una especie de **panecillos blandos y planos) que se rellenan con carne, pollo, verduras y salsa.** Se doblan como un paquetito y se comen con las manos. ¡Súper sabrosos!

4 GAZPACHO

Es una sopa fría típica de España, muy popular en verano. Se hace con **tomate, pepino, pimiento, aceite de oliva y un poco de pan.** Todo se tritura y se sirve bien fresquito. ¡Es saludable y perfecto para combatir el calor!

Es de origen andaluz, pero ahora lo comen por todos lados...

¡Mmmm! ¡El gazpacho riquísimo! Un saludo desde **Andalucía.**

GULASH 5

Este plato típico de Hungría es un **guiso de carne** (normalmente de ternera), pimientos, patatas y especias como el pimentón. Se cocina a fuego lento, por eso queda muy sabroso y calentito. ¡Es perfecto para los días fríos!

6 TAJÍN

Es un plato delicioso de Marruecos. Se cocina en una olla especial de barro con una tapa cónica y lleva **carne, verduras, frutas y especias.** Tiene un sabor único, dulce y salado al mismo tiempo, ¡ideal para compartir!

CURRY 7

Es un plato de India **preparado con muchas especias,** lo que le da un sabor muy especial. Se puede hacer con pollo, cordero o verduras y se sirve con arroz. ¡Es una comida muy sabrosa y a veces un poquito picante!

¡Recórcholis, cómo pica este curry!

43

¡EL 7 POR TODAS PARTES!

El número siete es muy especial y aparece en muchos refranes y frases hechas. Estos dichos, llenos de sabiduría popular, nos enseñan lecciones de forma divertida.

¡Qué feliz estoy con mis **siete años**! ¡Saludos desde el séptimo cielo!

1 A la séptima va la vencida

Es una forma de decir que, aunque falles muchas veces, no te rindas, ¡que el éxito acabará por llegar!

2 A siete leguas de distancia

Significa que algo está muy, muy lejos, ¡tan lejos que ni con un mapa podrías encontrarlo fácilmente!

3 A falta de pan, buenas son tortas, y si son siete mejor

Significa que en caso de no conseguir lo que queremos podemos conformarnos con lo que tenemos.

4 Cae siete veces, levántate ocho

Es un refrán japonés que nos enseña a ser perseverantes. Aunque enfrentes caídas o fracasos, siempre hay que levantarse una vez más.

Estar en el séptimo cielo 5

¿Alguna vez te has sentido tan feliz que parece que estás flotando? Eso es lo que significa esta frase.

Siete cabezas tiene el monstruo, y no lo matas ni con siete espadas 6

Se utiliza cuando un problema es tan complicado que parece tener muchas partes, como un monstruo con muchas cabezas.

No hay dos sin tres, ni tres sin siete 7

Es una forma de decir que las cosas siempre llegan en secuencias. Después de dos veces, llega el tres, y si hay tres, ¡seguro que el siete también aparecerá!

7 SOLUCIONES

Por favor...
No miréis si todavía
no habéis hecho los
juegos...

PÁGINA 14
Adivinanzas

1. El tiempo.

2. Los meses del año.

3. La letra S.

4. La letra D.

5. El calendario (las ramas son los meses; los nidos, las semanas que tiene un mes, y los pájaros, los días que tiene una semana).

6. La cucaracha.

7. El girasol.

Sopa de letras

Y	O	U	N	Z	G	S	G	B	P
L	L	W	Y	N	I	I	H	R	D
D	I	E	O	W	G	Y	A	U	R
I	U	M	L	A	M	N	D	J	A
E	O	E	N	F	M	X	A	A	G
S	O	T	N	E	O	M	S	S	O
B	E	Y	U	D	N	S	Q	P	N
S	F	N	C	A	E	P	P	K	E
T	R	O	L	L	S	S	P	T	S
V	T	R	S	A	N	E	R	I	S

PÁGINA 28
Respuestas

1. La palabra "termina" empieza con T.

2. La quinta hija se llama María.

3. El sol.

4. En segundo puesto.

5. El monte Everest.

6. El reloj.

7. Todos los meses tienen 28 días.

PÁGINA 34
Adivinanzas

1. La ballena.

2. La ardilla.

3. El caracol.

4. La lagartija.

5. El elefante.

6. La foca.

7. La mariposa.

¡Adelante con el 7! ¡No te olvides de estar muy orgulloso de **tu edad**!

¡Y un trabalenguas con el **siete** de propina!

Pancha plancha con siete planchas.
¿Con cuántas planchas plancha Pancha?